COLLECTION
LECTURE FACILE

PORTRAITS

LES NAVIGATEURS FRANÇAIS

F
Conseiller

GW00393440

Collection dirigée par
ISABELLE JAN

HACHETTE
58, rue Jean-Bleuzen
92170 Vanves

Crédits photographiques : p.9, collection Roger-Viollet ; p. 11, collection Roger-Viollet ; p. 16, haut : Keystone, bas : Rapho ; p. 19, Christian Zuber / Rapho ; p. 23, haut : Rapho, bas : Vandystadt ; p. 27, Th. Martinez / Vandystadt ; p. 31, Rapho ; pp. 33, 36, Bernard Annabicque / Sygma ; p. 39, Patrick Robert / Sygma ; p. 41, Guido A. Rossi / Vandystadt ; p. 43, Th. Martinez / Vandystadt ; p. 47, Philip Plisson / Vandystadt ; p. 51, Klein / Sipa ; p. 54, Th. Martinez / Vandystadt ; p. 57, haut : P. Le Segrétain / Sygma, bas : P. Della Zuana / Sygma ; p. 58, P. Della Zuana / Sygma ; p. 61, Camille Moirend / Vandystadt.

Couverture : Agata Miziewicz ; illustration : Loïc Peyron, *Lada Poch III*, Globe challenge 89-90, Philip Plisson / Vandystadt.

Conception graphique : Agata Miziewicz.

Composition et maquette : Joseph Dorly éditions.

Iconographie : Annie-Claude Médioni.

ISBN : **2.01.020628.2**

© HACHETTE LIVRE 1993, 79, boulevard Saint-Germain, F 75006 Paris.

Sommaire

NOTE : les mots accompagnés d'un * dans le texte sont expliqués dans « Mots et expressions », en page 62.

Repères

Souviens-toi, mon Dieu, que ta mer est si grande
et mon bateau si petit !

Prière de marin

Naviguer sur les mers est devenu un plaisir à la fin du XIXᵉ siècle. Jusque-là, on part en mer pour pêcher, ou pour transporter des marchandises, ou pour aller d'un point à un autre : pour faire quelque chose d'utile. Quelques Anglais font des régates* : bien sûr : on appelle cela le yachting. Mais ce sport est réservé à un très petit nombre de gens riches.

La mer est d'abord un monde de travail : les gens de mer sont des « travailleurs de la mer », pour reprendre le beau titre d'un livre de Victor Hugo. C'est aussi, parfois, un lieu de souffrance, qui remplace la prison : autrefois, on envoyait les condamnés aux galères. Les galères étaient de gros bateaux avançant grâce aux prisonniers, qui tiraient sur les rames [1]. Et puis, la mer a été un endroit très utilisé pour faire la guerre, cette passion [2] des hommes.

Au XVᵉ et au XVIᵉ siècles, la mer devient un lieu enchanté : celui des grandes découvertes. On explore de nouveaux continents : l'Amérique, l'Asie et l'Afrique. On croyait que la terre était plate, on s'aperçoit qu'elle est ronde et qu'on peut en faire le tour !

Le premier marin à faire le tour du monde pour son seul plaisir s'appelle Joshua Slocum. Il est américain. Il part de Boston sur le *Spray* le 24 avril 1895 et revient trois ans, deux mois et deux jours plus tard, après avoir doublé le cap Horn et le cap

---

1. Rames : longs bâtons avec un bout plat, avec lesquels on pousse sur l'eau pour faire avancer le bateau.
2. Passion : sentiment violent.

... /...

de Bonne-Espérance. La navigation hauturière* de plaisance est née. En France en particulier, elle va prendre une certaine importance.

Grâce à sa situation géographique, la France possède une tradition maritime* ancienne : les côtes françaises sont baignées au nord par la Manche, à l'ouest par l'océan Atlantique et au sud par la mer Méditerranée. C'est dire qu'entre les navigateurs français et la mer, il y a une très longue histoire...

CHAPITRE 1

IL Y A CENT ANS, ALAIN GERBAULT

Nous voici en 1893, il y a juste cent ans. À Dinard, en Bretagne, près de Saint-Malo, un enfant naît chez les Gerbault, une riche famille bretonne. On l'appelle Alain. Son nom sera bientôt célèbre.

Tout petit, il apprend à aimer la mer avec son père, qui possède un yacht, c'est-à-dire un voilier. Mais l'enfance heureuse est finie : on l'envoie à Paris faire ses études au collège Stanislas. Car il faut qu'il devienne ingénieur.

En 1914, c'est la guerre. Alain Gerbault s'engage comme aviateur. Il écrira plus tard : «La guerre me fit sortir de la civilisation. Je n'aspirai plus à y retourner.» Il décide d'abandonner sa carrière d'ingénieur pour naviguer. Il achète un petit bateau anglais, le *Firecrest*, qu'il pourra manœuvrer* seul. Onze mètres de long, fin et étroit sur l'eau, le *Firecrest* est un cotre*, c'est-à-dire qu'il n'a qu'un mât*. Il est solidement construit en chêne et en bois de teck.

Alain Gerbault commence par faire des croisières en Méditerranée. À chaque escale* il joue au tennis, qui est son sport favori après la mer. On cherche à oublier les horreurs de la Grande Guerre et la mode est au jazz et au tennis. Mais, en secret, il s'entraîne pour son grand rêve : la traversée de l'Atlantique.

SEUL, DANS L'ATLANTIQUE NORD

Il quitte Cannes le 26 avril 1923. Son but est New York, à 4 500 milles de l'Europe. À partir de Gibraltar, il est sûr de rencontrer les vents alizés*, ceux-là mêmes qui ont porté Christophe Colomb vers les Caraïbes. Il y a une différence pourtant : il est le premier à tenter de traverser seul l'Atlantique Nord de l'est vers l'ouest. Slocum l'a traversé, mais dans l'autre sens. Et Colomb n'était pas seul, même s'il fut l'un des premiers. Et puis, le *Firecrest* est si petit ! Personne n'a jamais fait cela.

Il doit tenir la barre* tout le temps : le pilotage* automatique* n'existe pas encore. Quand vient la nuit, il est mort de fatigue. Mais il fait de 50 à 90 milles par jour. Il ne faut pas seulement barrer, il faut aussi réparer les voiles et... se faire à manger. Le 4 juillet, il découvre que l'eau douce chargée à Gibraltar est devenue imbuvable [1]. Il est obligé de se limiter à un verre d'eau par jour, en prenant dans une autre réserve qu'il avait heureusement emportée en plus. Le 13 juillet, il tombe à la mer ! Il a beaucoup de chance et peut se rattraper à une corde*, qui lui permet de se hisser à bord* du *Firecrest*. Mais il l'a échappé belle [2] : seul, en plein océan, c'est une mort certaine.

Quand le vent est régulier, il apprend à fixer la barre avec des cordes souples : ainsi, il ne sera plus obligé de rester à l'arrière du bateau pour tenir le gouvernail* toute la journée. Il se nourrit de daurades [3] fraîches et boit de l'eau de pluie. Le 9 août, il croise une très grosse baleine [4]...

Au cours d'une violente tempête [5] l'eau entre dans la cabine et le *Firecrest* se penche terriblement. Soudain, écrit Alain Gerbault, «je vis arriver de l'horizon une vague énorme, dont la partie supérieure blanche et rugissante semblait si haute qu'elle dépas-

---

1. Imbuvable : qu'on ne peut pas boire.
2. L'échapper belle : éviter un grand danger.
3. Daurade (ou dorade) : espèce de poisson.
4. Baleine : le plus grand animal qui vit dans la mer. On le chassait autrefois pour son huile.
5. Tempête : colère de la mer.

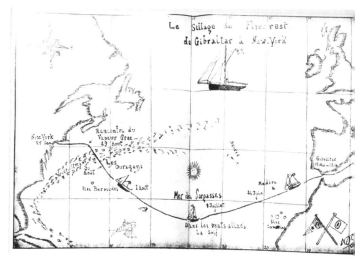

Le voyage du *Firecrest* d'Alain Gerbault, de Cannes à New York.

sait toutes les autres. Je pouvais à peine en croire mes yeux. C'était une chose de beauté aussi bien que d'épouvante[1]. Elle arrivait sur moi avec un roulement de tonnerre. Le *Firecrest* disparut sous des tonnes d'eau et un tourbillon d'écume ».

Voilà bien le secret des gens de mer. Les yachtmen britanniques disent en plaisantant que la voile est «le moyen le plus inconfortable et le plus coûteux d'aller d'un endroit où l'on est très bien dans un endroit où on n'a aucune raison d'être». Alors pourquoi, mais pourquoi y aller quand on n'est pas obligé ? La réponse, Gerbault l'a donnée. Moitessier dira plus tard la même chose, presque avec les mêmes mots : ce mélange de «beauté et d'épouvante» est d'une force inoubliable, et c'est ce que recherchent tous les navigateurs solitaires.

---

1. Épouvante : très grande peur.

Le *Firecrest* sort de la vague monstrueuse [1], mais son mât ne tient plus debout et les voiles sont déchirées [2]. Alain Gerbault est désespéré : comment atteindre New York dans ces conditions ? Il va falloir abandonner. Lui, l'enfant triste qui a perdu sa mère très jeune et que la guerre a profondément marqué, il va falloir qu'il abandonne son rêve... La déception est terrible.

Au bout de quatre-vingt-douze jours

Mais le matin du 10 septembre il découvre la côte de l'Amérique. L'île de Nantucket, au large de Newport, fut le point de départ du *Péquod*, le navire commandé par le capitaine Achab, dans *Moby Dick*, le célèbre livre d'Herman Melville. *Moby Dick* n'est qu'un livre, mais ce qu'Alain Gerbault aperçoit dans le brouillard est bien réel : Nantucket est la première terre depuis la côte africaine, quittée quatre-vingt-douze jours auparavant.

«Contrairement à ce que tout le monde pourrait croire, poursuit-il, je me sentis un peu triste. Je comprenais que cela annonçait la fin de ma croisière, que tous les jours heureux que j'avais vécus sur l'Océan seraient bientôt terminés et que je serais obligé de rester à terre pendant quelques mois. Je n'allais plus être seul maître à bord de mon petit navire, mais parmi les humains, prisonnier de la civilisation. »

Dans le détroit de Long Island, il croise des contrebandiers [3] d'alcool, qu'on appelle en anglais des *moonshiners*. Rien d'étonnant à cela : l'Amérique est en pleine prohibition [4]. Le 15 septembre il atteint le

---

1. Monstrueuse : terrible.
2. Déchirées : en morceaux.
3. Contrebandiers : voleurs.
4. Prohibition : interdiction de boire et de vendre de l'alcool en Amérique dans les années 30.

port de New York, à l'embouchure de l'East River : il aura donc mis cent un jours pour traverser l'Atlantique. C'est vingt-deux jours de plus que ce qu'a mis Bruno Peyron pour faire le tour du monde à la voile, en 1993 ! Mais nous sommes en 1923, et Alain Gerbault est immensément fier et heureux.

Les journalistes et les photographes se précipitent : on veut absolument le photographier en haut du mât. Il doit se remettre à porter des chaussures, ce qui lui est très désagréable : il a pris l'habitude de marcher pieds nus sur le pont du *Firecrest*. Son visage brun inquiète et fascine : le bronzage [1] n'a pas encore été mis à la mode par Coco Chanel, et les gens bronzés par le soleil n'inspirent pas vraiment confiance, car, en général, ce sont des pauvres, obligés de gagner leur vie durement en travaillant au grand air, ce sont des paysans ou des pêcheurs, pas du tout des personnes distinguées.

« Je passai après mon arrivée par une grande période de dépression [2], note Gerbault. Le succès me laissait complètement indifférent. J'avais vécu trop longtemps dans un monde d'idéal et de rêve et toutes les exigences de la vie quotidienne dans une grande ville me blessaient profondément. Je pensais sans cesse à mes jours heureux sur l'Océan : à peine arrivé, je ne songeais plus qu'à repartir. »

LE TOUR DU MONDE

Et pourtant il est devenu le Français le plus célèbre de la planète. Comme d'habitude en pareille occasion, il reçoit beaucoup de courrier : de nombreuses personnes sont enthousiasmées par son exploit. Il y a

---

1. Bronzage : transformation de la couleur de la peau, sous l'action du soleil.
2. Dépression : désespoir.

aussi quelques fous : les gens célèbres reçoivent parfois de drôles de lettres, et Gerbault n'échappe pas à cette règle. Ainsi, un désespéré lui propose de lui tenir compagnie lors de son prochain voyage, car il est certain que le *Firecrest* finira par faire naufrage*...

C'est en octobre 1924 qu'Alain Gerbault quitte New York sur le *Firecrest* entièrement réparé : mât neuf en pin d'Oregon, nouvelles voiles, cabine recouverte de bois de teck et d'érable. Le Yacht Club salue son départ de trois coups de canon. Il fait escale aux Bermudes et rejoint le canal de Panama : cette fois, c'est le Pacifique qui l'attend. L'étoile Polaire disparaît sous l'horizon, il franchit l'équateur et atteint les merveilleuses îles Galapagos. Puis le *Firecrest* rejoint les Marquises, Tahiti, les Samoa, les Nouvelles-Hébrides, l'île de la Réunion, le cap de Bonne-Espérance, les îles du Cap-Vert et enfin c'est le retour au Havre, en 1929, après cinq ans d'absence et plus de sept cents jours en mer. Alain Gerbault est entré dans la légende... Il aura été le premier Français à oser traverser seul l'océan Atlantique, qui semble immense à l'époque, et à faire le tour du monde avec un petit voilier. Il mourra de la malaria [1] à l'âge de quarante-huit ans, à Timor, en Indonésie. Nous sommes en 1941 et le monde, en guerre, n'a pas vraiment le temps de penser à la navigation de plaisance...

1. Malaria : maladie très grave.

Alain Gerbault sur le *Firecrest*, au Havre, après son tour du monde, en 1929.

CHAPITRE 2

LES RÊVEURS, ALAIN BOMBARD ET BERNARD MOITESSIER

ALAIN BOMBARD ET LE GOÛT DU PLANCTON

En 1981, un homme de petite taille aux yeux rieurs, au visage d'enfant malgré une barbe grise, devient ministre de l'Environnement dans le premier gouvernement socialiste de François Mitterrand, le nouveau président de la République. Quelques semaines plus tard, il démissionne[1]. Pourquoi ? « J'en ai assez que, dans le train, entre Toulon et Paris, quand je rejoins mon ministère, les gens me demandent quel goût a le plancton[2] », dira-t-il en plaisantant. C'est amusant, bien sûr, mais c'est vrai qu'Alain Bombard, car il s'agit de lui, est sans doute le seul homme en France à s'être volontairement nourri de plancton pendant plusieurs semaines !

Il faut dire qu'Alain Bombard est tout sauf un homme comme les autres. Médecin, il s'intéresse à la survie[3] des naufragés*. Chaque année, on compte deux cent mille victimes de la mer dans le monde.

Dans la petite ville de Boulogne-sur-Mer, où habite le docteur Bombard, cent cinquante marins disparaissent chaque année. Alain Bombard pense que c'est la peur qui les tue, plus que la faim et la soif. Il croit

---

1. Démissionner : s'en aller, quitter son travail.
2. Plancton : nourriture des baleines.
3. Survie : le fait de rester en vie dans des conditions difficiles.

qu'on peut boire de l'eau de mer en petites quantités et qu'on peut se nourrir de poissons. Et il veut montrer l'exemple. Le problème, c'est que personne ne le croit, lui, Alain Bombard. S'il ne montre pas par lui-même, en étant naufragé volontaire, que c'est possible, ses belles idées ne serviront à rien.

En 1952, après avoir fait un petit essai en Méditerranée, Alain Bombard quitte Tanger, seul, sur un petit canot pneumatique de son invention, auquel il donnera son nom [1]. Il l'appelle l'*Hérétique* [2]. Hérétique, eh oui, comme lui, que tout le monde prend pour un fou ou presque. L'opinion générale est qu'il va au-devant de sa mort. Il faut dire que le projet montre une certaine inconscience, ou alors, un grand courage : traverser l'Atlantique, sans provisions, sans eau, sans moteur et sans moyens de communication, juste pour faire la preuve que la mort par naufrage n'est pas une fatalité [3] ! S'il n'était pas médecin, Bombard, on l'enfermerait à Sainte-Anne [4]. Lui aussi, comme Gerbault, reçoit des lettres. Mais c'est avant son départ et les propositions sont bizarres : le premier lui offre sa belle-mère comme passagère («Commencez par sauver mon couple avant de faire du sauvetage en mer»), le deuxième propose de l'accompagner pour pouvoir être mangé si le projet échoue, le troisième avoue qu'il a tenté trois fois de se suicider [5] et espère, avec Bombard, réussir enfin... Charmant, n'est-ce pas ?

---

1. Mais il ne fera jamais fortune avec le *Bombard*... Il oublie de déposer le brevet et une grande marque copie son invention. Les Zodiac se vendront à des millions d'exemplaires, sur lesquels Alain Bombard ne touchera jamais un centime.
2. Hérétique : en dehors de la religion.
3. Fatalité : fin qu'on ne peut pas changer.
4. Sainte-Anne : hôpital, à Paris, où l'on soigne uniquement les fous.
5. Se suicider : se tuer volontairement

Alain Bombard, assis au milieu de son canot pneumatique, à la veille de son départ comme « naufragé volontaire ».

Le Docteur Bombard est toujours passionné par l'environnement marin.

C'est à Noël 1952 que l'*Hérétique* touche la côte de la Barbade, aux Antilles. Soixante-cinq jours de solitude totale, pendant lesquels Alain Bombard n'a mangé que du poisson et... du plancton ! C'est extraordinaire ! Le naufragé volontaire est reçu comme un héros [1]. Seul, sans argent, avec uniquement la force de sa volonté, Bombard a apporté la preuve que ce qu'il pensait était juste. Il fallait en avoir l'idée, et le courage. Le docteur Bombard a eu les deux. C'est peut-être en pensant à des hommes comme lui qu'Albert Camus écrivait : « Je crois que dans l'homme il y a plus à admirer qu'à mépriser [2]. »

LE *JOSHUA* DE BERNARD MOITESSIER

Bernard Moitessier... Ce seul nom fera rêver des milliers de gens. Transportons-nous en 1965. Trente-six années ont passé depuis les exploits d'Alain Gerbault. Il y a treize ans que le docteur Bombard a traversé l'Atlantique dans son tout petit bateau en mangeant seulement du plancton...

Bernard Moitessier n'est pas un fils de famille [3] comme Gerbault. Pour construire son bateau, qu'il appellera *Joshua* en souvenir de Joshua Slocum, il lui faut travailler. Difficile pour ce rêveur, ce « vagabond [4] des mers », de travailler comme M. Tout le monde. Mais le projet en vaut la peine : car, voyez-vous, ce qu'il veut, Bernard Moitessier, c'est tout simplement passer le cap Horn ! Vous avez bien lu ! le Horn, rien que ça !

Les derniers cap-horniers [5] sont en train de mourir doucement. Ils meurent de vieillesse, les cap-horniers,

1. Héros : homme extraordinaire (au féminin : héroïne).
2. Mépriser : penser du mal de...
3. Fils de famille : garçon né dans une famille riche.
4. Vagabond : quelqu'un qui voyage sans cesse.
5. Cap-hornier : marin qui a passé le cap Horn, au sud de l'Amérique du Sud, avant 1914 (voir plus bas).

en tout cas ceux qui n'ont pas été tués par les colères terribles du Horn. Les tempêtes de l'Atlantique et du Pacifique se rencontrent là depuis le début du monde. Les vagues y sont hautes comme des immeubles, et elles emportent souvent les malheureux marins dans leurs eaux très froides. On ne compte plus les naufrages*. Le Horn est un cimetière [1] à bateaux. En 1914, heureusement, on ouvre le canal de Panama. Les grands navires suivront désormais cette route moins dangereuse, qui épargne la vie des équipages, et présente l'avantage d'être beaucoup plus courte. Pour les bateaux, c'est un gain de temps et donc d'argent.

Mais Bernard Moitessier, lui, est tout, sauf pressé. Ça fait des années qu'il navigue et ce n'est pas du tout un débutant, mais au contraire un très bon marin, qui «sent» la mer de façon magnifique. Dans le milieu de la voile, il est regardé de nos jours comme un des «grands anciens», à l'égal de Slocum et de Gerbault.

LE CAP HORN EST FRANCHI !

Il part de Tahiti le 23 novembre 1965 avec sa femme Françoise, qui sera la deuxième femme à passer le Horn [2]. Le *Joshua* est un ketch* de 12 mètres, construit en fer pour résister aux gros paquets de mer que les océans enverront sur le pont. À l'intérieur Bernard fait pousser du cresson [3], pour ne pas manquer de vitamines [4].

La grande peur de Bernard, c'est de «sancir» : on dit qu'un bateau sancit lorsqu'une vague, en général une vague monstrueuse, le prend par l'arrière et le

---

1. Cimetière : endroit où on met les morts.
2. La première était Nancy Griffith, une Américaine, épouse de Bob Griffith, un autre grand marin.
3. Cresson : espèce de salade verte.
4. Vitamines : le corps en a besoin tous les jours pour être en bonne santé.

Bernard Moitessier à bord du *Joshua*, dans la course autour du monde en solitaire.

retourne. Le navire a la quille* en l'air et les mâts dans l'eau. Et bien sûr la vague ne fait pas cela gentiment : elle possède au contraire une force si grande que, même s'il parvient à se remettre debout, le bateau n'est plus qu'un fantôme [1] de bateau, aux mâts cassés et aux voiles déchirées.

L'autre peur de Bernard Moitessier, ce sont les icebergs* : les glaces du pôle Sud se promènent longtemps sous les froides températures du Horn, et rien n'est plus dangereux, pour un petit voilier, que de rencontrer ces énormes cathédrales de glace. Il faudra donc barrer* tout le temps.

Mais quelle intensité ! « Le ciel est devenu bleu avant le jour et le soleil brille d'une lumière extraordinaire, comme je ne l'ai encore jamais vu de ma vie. Il y a dans ce soleil une violence [2] que je ne lui ai jamais connue. Cette mer non plus, je ne l'ai jamais vue de ma vie. Françoise et moi, assis côte à côte sur le pont, nous regardons, hypnotisés [3], cette mer d'où viennent une puissance et une beauté totales », écrit Bernard Moitessier le 15 décembre dans son journal de bord. « Nous ne dormons plus depuis assez longtemps. Nous voulons passer dans l'Atlantique avec nos deux mâts tout droits vers le ciel, en pensant à tous les grands voiliers perdus dans cet endroit, à tous ces marins morts qui habitent la route que nous suivons, et que je sens parfois autour de *Joshua*. »

Le 11 janvier 1966, « Françoise se met à pleurer doucement en se serrant contre moi » : au loin, ce gros rocher bleuté, c'est le Horn ! Le royaume des icebergs a offert aux Moitessier son cadeau le plus rare : le beau temps. Les tempêtes se succéderont pendant le

---

1. Un fantôme de bateau : un bateau en ruine.
2. Violence : force qui fait mal.
3. Hypnotisé : attiré avec force.

reste du voyage, jusqu'à Gibraltar. Mais le cap Horn, qui a brisé tant de bateaux, a respecté le *Joshua* jusqu'au bout. À cause de son nom, peut-être ? Ou à cause de l'étrange personnage qui le barrait ? Huit ans plus tard, en 1974, Bernard Moitessier arrivera premier de la course autour du monde en solitaire, passera la ligne d'arrivée après une année entière de circumnavigation*, et repartira sans être descendu à terre. Alain Gerbault avait connu cela, et sans doute aussi Slocum, qui s'était dépêché de reprendre la mer alors qu'enfin il était libre de ne plus naviguer. « C'est pas l'homme qui prend la mer, c'est la mer qui prend l'homme... », chante Renaud [1]. Le refus de Moitessier de profiter de sa victoire à terre frappera les gens : on y verra, quelques années après mai 1968, la recherche d'autre chose que les biens matériels.

Dans un monde fatigué du confort, la fuite de Bernard Moitessier marquera une date : car, juste après, c'est la course qui va donner des ailes aux bateaux. Moitessier est le dernier rêveur. D'autres très grands marins vont suivre : mais aucun bateau n'aura l'innocence du *Joshua*, qui naviguait pour le plaisir.

---

1. Renaud : chanteur français très populaire.

CHAPITRE 3

TOUJOURS PLUS DE COURSES

Pendant que Bernard Moitessier préparait *Joshua* pour le cap Horn, il se passait dans la vieille Europe un événement nouveau : un journal britannique, *The Observer*, avait eu l'idée, en 1960, d'organiser une super-régate avec le Yacht Club de Plymouth. Il fallait aller de Plymouth (Grande-Bretagne) à Newport (États-Unis) grâce à la seule force du vent. Un célèbre marin anglais, Francis Chichester, avait gagné cette nouvelle course en quarante jours seulement. Rappelons qu'Alain Gerbault, en 1923, avait mis quatre-vingt-douze jours pour traverser l'Atlantique !

Un inconnu nommé Éric Tabarly

En 1964, cette Transatlantique* est organisée pour la deuxième fois et attire quinze inscriptions, contre cinq seulement en 1960. Un Français que personne ne connaît, Éric Tabarly, est sur la ligne de départ, avec un bateau appelé *Pen Duick II*.

Éric Tabarly est ingénieur de l'École navale, officier [1] de la Marine nationale et... breton. *Pen Duick* signifie, en langue bretonne, «petite tête noire». C'est aussi le nom d'un oiseau : la mésange à tête noire. Sportif et marin excellent, Tabarly a l'habitude des régates disputées dans les eaux bretonnes mais aussi de la navigation en haute mer, grâce à son métier. La Marine nationale lui donnera d'ailleurs discrètement un coup de main [2]

---

1. Officier : haute fonction dans l'armée.
2. Donner un coup de main : aider.

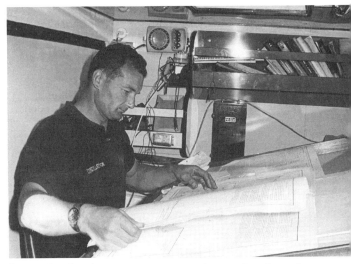

Éric Tabarly devant ses cartes de navigation, à bord du *Pen Duick III*.

À bord du *Côte d'Or*, à Saint-Malo, en 1985.

pour que *Pen Duick II* soit prêt à temps, en mettant à sa disposition les ouvriers de l'arsenal de Lorient.

Car *Pen Duick II*, et cela aussi est nouveau, a été dessiné et construit spécialement pour la Transatlantique. C'est un ketch de 13,60 mètres, construit en contreplaqué [1] pour être plus léger et plus rapide sur l'eau.

En 1964, les photos montrent un Éric Tabarly splendide, torse [2] nu sur le pont de *Pen Duick II*. Ce que les photos ne disent pas, c'est qu'il est aussi timide que bon marin. Pour les journalistes qui auront à l'interroger à Newport après sa victoire, l'exercice sera difficile.

Le 23 mai 1964, *Pen Duick II* et *Gipsy Moth*, le bateau de Chichester, quittent ensemble le port de Plymouth, au milieu de nombreux journalistes et de curieux. « Tout cet enthousiasme devient un peu encombrant », pense Tabarly. Vingt-sept jours plus tard, *Pen Duick II* arrive à Newport, avec trois jours d'avance sur *Gipsy Moth*. La surprise est très grande : un petit Français a battu le célèbre Chichester !

Le temps des traversées est en train de se raccourcir à une vitesse folle, et ce n'est pas fini.

Ce qui ne change pas, pourtant, c'est la cruauté de la mer. Un des coureurs de cette deuxième Transatlantique, Jean Lacombe, mourra quelques années plus tard d'épuisement [3] sur son petit bateau, le *Golif*, au large des Açores. Plus récemment, lors de l'édition 1993 du Vendée Globe Challenge, le Britannique Nigel Burgess, officier de marine comme Tabarly et marin expérimenté, trouvera la mort lors d'une tempête dans le golfe de Gascogne.

---

1. Contreplaqué : bois très mince.
2. Torse : haut du corps.
3. Épuisement : fatigue qui peut aller jusqu'à la mort.

LA VOILE, UN SPORT À LA MODE

En attendant, la première place du Breton dans une grande course transocéanique, dont la presse a beaucoup parlé, fait rêver des milliers de gens. La France, jusque-là, ne s'intéressait pas beaucoup au yachting. Tabarly et Moitessier vont provoquer un énorme enthousiasme, qui aura trois conséquences : d'abord les courses vont se multiplier et un milieu de coureurs professionnels va faire son apparition, exactement comme dans la Formule 1 pour les automobiles. Ensuite, la voile de plaisance va devenir un secteur économique de grande importance : les expériences techniques utilisées en course serviront tout de suite après aux bateaux construits en série. Toutes les villes du bord de la mer voudront avoir leur port de plaisance. Enfin, dernière conséquence, la voile et le yachting, qui étaient autrefois réservés à la haute société, vont intéresser de plus en plus de monde et toutes sortes de gens vont aller sur l'eau.

Les gens aisés [1] seront les premiers. Médecins, avocats, hommes politiques, cadres supérieurs seront nombreux, en été, à Porquerolles ou à La Trinité-sur-Mer, à la barre de leur voilier. C'est mieux que le vélo. C'est aussi masculin que la boxe. C'est moins bête que les bateaux à moteur. Et de plus on revient tout bronzé, ce qui est devenu un signe de distinction [2] sociale.

Puis viendront les artistes, comme le chanteur Antoine, ancien élève de la prestigieuse École centrale. Jacques Brel, qui a quitté la scène, ira sur son voilier jusqu'aux Marquises, avec son amie Madly Bamy, une danseuse des Antilles. La speakerine Michèle Demai – on appelle speakerine une de ces

---

1. Aisé(e) : être aisé, c'est avoir un très bon niveau de vie.
2. Distinction : ce qui fait qu'on est (ou qu'on se sent) supérieur aux autres.

jolies jeunes femmes qui présentent chaque soir les programmes des deux chaînes de télévision aux téléspectateurs – traversera elle aussi l'Atlantique, après avoir mis toutes ses économies dans son bateau.

Enfin, et presque en même temps, M. et Mme Tout Le Monde passent des dimanches et des dimanches à construire de leurs mains quelque chose qui flotte. Parfois ça finit par un divorce, parfois c'est une belle histoire qui commence. Parfois aussi, ces marins d'eau douce [1] verront la mort de très près, parce qu'on ne devient pas marin comme ça, du jour au lendemain. Mais ils ne le savent pas, et si on savait tout, on ne ferait jamais rien.

LAISSEZ PASSER SA MAJESTÉ LE SPONSOR

Éric Tabarly, premier vainqueur français d'une des premières Transatlantiques, ne va désormais plus arrêter de courir sur toutes les mers de la terre. Il y a de plus en plus de courses, organisées par des journaux, des villes, des régions, des yacht clubs, et même par des boissons alcoolisées. La première Course du rhum date de 1978. Le journal *le Figaro* lance une Transatlantique qui porte son nom. La Baule-Dakar ressemble à la course d'automobiles organisée de Paris à Dakar. Le Boc Challenge et le Vendée Globe sont tous deux des tours du monde en solitaire, avec escales pour le premier, sans escale pour le second.

Bien sûr les grandes courses n'ont pas disparu : la course des Bermudes, la Whitbread ou l'America Cup attirent toujours les meilleurs yachtmen de la voile mondiale. Il faut remarquer toutefois que ce monde est très blanc, quand ce n'est pas WASP (White Anglo

---

1. Marin d'eau douce : marin qui ne sait pas naviguer.

Le bateau de Philippe Poupon : le temps des sponsors est venu.

Saxon Protestant). Traditionnellement, Américains, Australiens et Canadiens sont sur-représentés dans les très grandes courses. D'où l'intérêt des épreuves nouvelles : si elles sont quelquefois liées à de simples modes, elles permettent aussi à de jeunes marins peu connus de défendre les couleurs de leur pays.

Toutes les courses ne se font pas en solitaire, et la célébrité du lieutenant de vaisseau Tabarly attire beaucoup de jeunes équipiers fiers de servir un pareil skipper*. Est-ce un hasard si, quinze ans plus tard, leurs noms brilleront dans le ciel de la voile ? Certainement pas. Alain Colas, Olivier de Kersauson, Philippe Poupon et Titouan Lamazou ont appris la mer avec Éric Tabarly. Alain Gautier et Florence Arthaud sont les exceptions qui confirment la règle : ils n'ont pas été des élèves d'Éric Tabarly.

Dans ces années-là, un nouveau personnage va faire son apparition, discrètement d'abord, puis de plus en plus visiblement : le sponsor. Sponsor est un vieux mot latin, passé tel quel en français moderne. Le sponsor est une espèce de mécène [1], si l'on veut, qui va donner, tout seul ou avec d'autres, les énormes sommes d'argent nécessaires à la construction d'un bateau de course. Il est bien fini, le temps des Gerbault et des Moitessier. Le riche orphelin [2] et le rêveur, aujourd'hui, seraient drôlement dépaysés. L'âge de la simplicité – un homme, un bateau, la mer – est passé. Les navires sont de véritables «bêtes de course» [3], de plus en plus grands, dessinés en laboratoire, construits avec des matériaux nouveaux et très chers, soumis à des essais en mer comme des automobiles de Formule 1. Plus personne ne peut payer tout cela de sa poche, même Tabarly et la Marine nationale ! Comment faire ?

La course au... sponsor va ainsi occuper une part importante du temps des marins de compétition. Plus le skipper est connu, plus il lui sera facile de trouver un mécène. Grandes entreprises, régions ou villes de France ont compris qu'elles tenaient là un moyen très intéressant de se faire connaître du grand public. C'est pourquoi les bateaux ne s'appellent plus *Firecrest*, *Joshua* ou *Pen Duick*, mais *Fleury-Michon* (charcuterie et produits frais), *Pierre Ier de Serbie* (promotion immobilière), *Écureuil d'Aquitaine* (banque), *Bagages Superior* (maroquinerie), *Biotherm* (produits de beauté) ou *Ville-de-Paris*.

---

1. Mécène : personne qui aide les artistes, et, maintenant, les sportifs, en leur donnant de l'argent.
2. Orphelin : qui a perdu sa mère, ou son père, ou les deux.
3. Bêtes de course : monstres techniques où tout est calculé pour la vitesse.

CHAPITRE 4

ENTRE LES VAGUES ET LE VENT

ALAIN COLAS, LE DERNIER SALTIMBANQUE

Le dernier navigateur qui a pu librement donner un nom à son bateau a sans doute été Alain Colas. Il est mort en 1980, à bord du *Manureva*, à cause d'un accident stupide. Son pied a été brisé par la chaîne* d'ancre. Quand on jette l'ancre*, la chaîne se déroule à toute vitesse, et c'est très dangereux. Alain Colas était un grand marin, mais cet instant d'inattention lui a finalement coûté la vie. Les chirurgiens ont fait tout ce qu'ils ont pu. Il aurait fallu qu'Alain Colas ensuite ne bouge pas, ne fasse surtout pas travailler la cheville [1] éclatée en mille morceaux et donc ne reprenne pas la mer avant de longs mois. Mais Alain Colas ne pouvait pas vivre sans la mer, et il est reparti.

Il était né à Nevers pourtant, au centre de la France, là où aucun océan ne fait rêver les enfants. Mais sa route avait croisé celle de Tabarly : il fut son équipier lors de nombreuses courses, avant de gagner tout seul la Transat anglaise en 1972 et la Transatlantique française en 1978. Le *Manureva* était l'ancien *Pen Duick III*, avec lequel Éric Tabarly avait gagné la course Los Angeles-Tahiti en 1972. Alain Colas l'avait rebaptisé d'un nom tahitien parce qu'il était tombé amoureux d'une Tahitienne qui lui avait donné deux enfants.

---

1. Cheville : os du pied, au bas de la jambe.

Quand il est reparti sur *Manureva* avec sa cheville malade, il avait sûrement une idée en tête, Alain Colas. On n'a jamais su exactement ce qui s'était passé, parce que le bateau n'a jamais été retrouvé. On pense qu'il a coulé en pleine mer, au large des Açores, avec à son bord un skipper déjà mort, ou en train de mourir de la gangrène [1]. Peut-être qu'il n'a pas supporté l'idée d'une vie sans la mer, d'une vie d'infirme incapable de commander un bateau, et qu'il a préféré mourir tout seul, entre les vagues et le vent.

Quand ils sont morts, on oublie les marins. Ce sont les derniers nomades [2] du monde occidental, les derniers saltimbanques [3]. Aucune place ne porte leur nom, aucune rue. Quand leur âme s'est envolée dans le vent qu'ils aimaient, il ne reste rien d'eux, en dehors de cet amour démesuré des vagues que personne ne peut comprendre s'il n'est pas marin. Mais les saltimbanques aussi ont des enfants, qui pleurent comme des Petits Poucets [4] quand leur père ne revient pas. Et la mer, elle, continue d'être belle et mortelle, et c'est pourquoi les hommes l'aiment.

LES PROJETS FOUS D'EUGÈNE RIGUIDEL

Qui se souvient aujourd'hui d'Eugène Riguidel ? Ce merveilleux marin est complètement oublié par les journaux et les médias. Il vit actuellement à La Trinité-sur-Mer, un petit port très connu du Morbihan, en Bretagne. Il dort chez l'un, il mange chez l'autre... Il n'a plus d'argent, plus de bateau et c'est comme s'il n'existait plus. La célébrité dans le

---

1. Gangrène : infection d'un membre, mortelle si on ne coupe pas l'extrémité malade.
2. Nomades : gens qui vivent dans le désert.
3. Saltimbanque : artiste de cirque.
4. Petit Poucet : héros des contes de Perrault.

Alain Colas accueilli par sa femme, à son arrivée à Sydney.

sport, c'est comme ça : elle éclaire violemment tant qu'on est au premier plan, puis elle s'en va éclairer quelqu'un d'autre, qui va plus vite, ou qui a un bateau plus grand, ou qui prend son petit déjeuner tous les matins avec une baleine. Bien sûr, il faut qu'un photographe ait pris une photo de la baleine, parce que le XXe siècle croit que les images c'est la vérité, toute la vérité, rien que la vérité. Un peu de la même façon qu'il croit que l'information, c'est ce qu'on peut montrer à la télévision, comme si tout était un événement qu'on peut montrer.

Eugène Riguidel est né en 1940 au bord de l'eau, à La Trinité, en Bretagne. Il commence par être assureur [1], il se marie, il a deux enfants. Mais la mer l'attire cent fois plus que les assurances, et il gagne sa première course, la Transatlantique en double, en 1979. Son bateau s'appelle *VSD* : c'est le nom d'un magazine de loisirs, qui se vend en fin de semaine, d'où son titre : Vendredi-Samedi-dimanche (VSD). Eugène Riguidel court avec un autre très bon marin, Gilles Gahinet. Éric Tabarly et Marc Pajot sont les grands favoris [2]. Mais voilà qu'après 11 000 km de course, au bout de trente-quatre jours de mer, Riguidel et Gahinet se rapprochent de Tabarly, passent devant lui et gagnent juste à l'arrivée ! Il arrive à Tabarly ce qui était arrivé à Chichester : un inconnu lui vole la victoire...

En 1980, Riguidel décide de battre le record [3] de vitesse à la voile, qui est alors de 63 kilomètres à l'heure. Cette fois, son bateau s'appelle *Kawasaki.* C'est un trimaran*. Eugène Riguidel adorera toujours les multicoques*. Malheureusement, *Kawasaki* a un accident : l'une des coques laisse entrer l'eau et Riguidel est obligé de demander l'aide d'un gros bateau marchand pour rejoindre la terre. C'est une situation très désagréable à vivre pour un marin !

« Les navigateurs solitaires sont très fiers », avoue-t-il avant de reprendre la mer deux ans plus tard sur *William Saurin* (une marque de charcuterie). « La course en solitaire est devenue un rêve pour le grand public en même temps qu'un spectacle », ajoute-t-il. Ce spectacle coûte cher : *William Saurin* est en 1982 le plus grand trimaran du monde et il a coûté cinq mil-

---

1. Assureur : quelqu'un qui vend des assurances, c'est-à-dire un contrat qui permet de recevoir de l'argent en cas d'accident.
2. Favoris : ceux que le public préfère.
3. Record : le meilleur temps.

Eugène Riguidel, vainqueur du Trophée des multicoques, en 1983.

lions et demi de francs. L'entreprise William Saurin en a apporté trois, et Eugène Riguidel a emprunté le reste aux banques. Il devra faire des conférences, des livres, des films et accepter de donner son nom à des produits commerciaux pour rembourser. *William Saurin* ne prendra pas la première place de la Route du rhum en 1982, mais sera victorieux au Trophée des multicoques à La Trinité-sur-Mer en 1983. La même année, Riguidel se verra offrir une boîte de louis [1] d'or pour être arrivé en tête lors d'une autre Transatlantique en double, organisée par une station de radio, *Europe 1*, et un journal, *le Point*. La presse et les médias ont alors beaucoup d'argent et n'hésitent pas à proposer des prix d'une valeur très importante aux navigateurs qui font rêver leur public.

---

1. Louis : monnaie ancienne, qui vaut environ 1 000 francs à l'unité.

Riguidel réussit à rembourser ce qu'il doit aux banques. Il est même propriétaire de *William Saurin*. Mais, à quarante-quatre ans, il décide d'abandonner la course. «Je ne veux pas attendre le moment où, au départ d'une course, je me dirai : merde [1], il me faut encore traverser l'Atlantique.» Il vend *William Saurin* et décide de... chercher des trésors. «C'est une autre manière de continuer à vivre la mer, explique-t-il. Voyager, faire des rencontres, visiter des pays, travailler avec des gens passionnés par ce qu'ils font, c'est ce que j'ai toujours aimé.» Loïck Peyron, un autre navigateur célèbre et courageux, ne dit pas autre chose quand il avoue : «Ce que nous faisons, seulement trente ou quarante personnes au monde sont capables de le faire aussi vite. Mais des milliers de gens le font tous les jours, et on n'en parle pas ! Ce qui compte, au fond, plus que la vitesse, c'est l'aventure, c'est le fait d'être entre marins et de faire ce que l'on aime... »

REFAIRE LE VOYAGE DE LA PÉROUSE

Est-ce qu'il a trouvé beaucoup de trésors, Eugène Riguidel ? On ne sait pas. Mais, neuf ans plus tard, c'est à La Trinité-sur-Mer qu'il a choisi à nouveau de vivre, dans cette Bretagne où il se sent bien. Il nourrit un autre projet, aussi fou et aussi beau que la recherche des bateaux naufragés et de leurs trésors perdus. Il veut refaire le voyage de La Pérouse !

La Pérouse, c'est ce navigateur français, né en 1741, à qui le roi Louis XVI demande de reconnaître les côtes nord de l'Amérique et de l'Asie pour dessiner des cartes marines plus exactes que celles qui existent alors. En 1785, quatre ans avant la Révolution française, les deux navires de La Pérouse, la *Boussole* et

---

1. Merde : ici exclamation de découragement, de dégoût (très, très familier).

l'*Astrolabe*, quittent Brest. Le cap Horn est franchi en février 1786. La Pérouse s'arrête aux îles Sandwich, puis remonte vers l'Alaska, reconnaît ensuite les îles Mariannes, Macao et les Philippines. Il franchit le détroit [1] qui porte son nom, entre Sakhaline et Hokkaidō, au Japon, puis repart vers le sud. Les dernières nouvelles que l'on a de La Pérouse sont envoyées d'Australie, en février 1788. Ensuite il disparaît mystérieusement. On retrouve ses traces [2] aux îles Salomon. Mais personne ne sait ce qui est arrivé à la *Boussole* et à l'*Astrolabe*. Ce n'est qu'en 1962 qu'un Néo-Zélandais, Recee Discombe, découvre ce qui reste de la *Boussole* : le navire a sans doute été jeté sur les rochers par une tempête, et La Pérouse et ses marins ont été tués.

C'est un magnifique voyage, en effet. Mais Eugène Riguidel n'a aucune envie de faire du tourisme. Ce serait bien mal le connaître. Ce qu'il veut, en retournant exactement dans les endroits que La Pérouse a traversés, c'est prendre la défense des sociétés menacées par le mode de vie des Européens. C'est montrer à quel point, depuis La Pérouse, la nature a été assassinée par la bêtise des hommes et leur goût de l'argent. Est-ce utile de dire que les sponsors ne se bousculent pas pour aider Riguidel à réaliser son projet ? Voilà pourquoi, à La Trinité-sur-Mer, un merveilleux marin de cinquante-trois ans mange chez l'un et dort chez l'autre, parce que, sans argent et sans bateau, il ne peut rien faire d'autre pour l'instant. Pour l'instant...

---

1. Détroit : passage maritime très étroit entre deux terres.
2. Traces : marques de son passage.

Le port de la Trinité-sur-Mer, en Bretagne.

La Trinité-sur-Mer

On ne peut pas faire un livre sur la voile sans parler de La Trinité-sur-Mer. Ce petit port breton est le berceau [1] des meilleurs skippers français et le mouillage [2] préféré des plus grands bateaux de course. Combien d'habitants, à La Trinité-sur-Mer ? Environ mille cinq cents en hiver, et, en été, dix fois plus. Mais, pour avoir le droit de se dire Trinitain, il faut être né ici.

À vrai dire, la commune est récente : elle date de 1864 seulement. La Société des Régates est créée en 1879, quinze ans plus tard. Il faut dire que La Trinité offre un plan d'eau magnifique. Chaque été, le 15 août, pour la fête de la Vierge [3], la mairie organise une course de voiliers. Des Anglais traversent la Manche pour concourir ! C'est un signe qui ne trompe pas.

---

1. Berceau : ici, lieu de naissance.
2. Mouillage : endroit où on laisse son bateau au repos.
3. Vierge : dans la religion catholique, mère de Jésus-Christ.

Au début, pourtant, La Trinité-sur-Mer est pauvre comme toute la Bretagne. On cultive quelques mauvaises terres, on met à sécher le sel de la mer et on répare les bateaux qui font le commerce du bois et du blé, ou qui courent les régates. On ne navigue pas beaucoup à La Trinité, ni pour pêcher, ni pour gagner des courses : on préfère s'occuper de ceux qui pêchent et de ceux qui gagnent les courses. S'occuper d'eux, en plus de réparer leurs bateaux, c'est les écouter, mieux qu'ailleurs. Dans n'importe quel bar, n'importe quel restaurant, on sait en quelle année Éric Tabarly a gagné sa première Transatlantique, dans quel collège jésuite [1] Olivier de Kersauson a fait ses études, comment s'appellent les vents qui soufflent sur le cap Horn entre le 15 décembre et le 15 janvier, et en combien de jours, de minutes et de secondes Florence Arthaud a traversé l'Océan. Les jours d'arrivée d'une grande course, l'enthousiasme des Trinitains ne peut être comparé à rien d'autre, et, si le gagnant ou la gagnante sont nés à La Trinité, ou s'ils s'y sont entraînés, ou s'ils y ont pris un café trois ans auparavant, ce n'est plus de l'enthousiasme, c'est du délire [2].

Quant à [3] prendre la mer eux-mêmes, les Trinitains ne sont pas fous : la mer, c'est mouillé, il y fait froid, on sait quand on part mais jamais quand on revient, ah non ! Déjà la pêche c'est dangereux, alors aller en mer quand on peut éviter de le faire, juste pour le plaisir d'aller plus vite que le vainqueur d'avant, certainement pas ! Chacun son métier !

---

1. Jésuite : prêtre catholique qui enseigne aux enfants de la bonne société.
2. Délire : espèce de folie.
3. Quant à : si on leur demandait de...

CHAPITRE 5

LES ENFANTS DE TABARLY

« L'AMIRAL » OLIVIER DE KERSAUSON

Olivier de Kersauson est probablement l'un des navigateurs les plus connus en France, en dehors de Florence Arthaud. D'abord parce que c'est un très bon marin. Ensuite parce que les Français, il faut bien le dire, adorent les nobles [1] et la noblesse depuis qu'ils ont tué Louis XVI. Et puis parce que Olivier de Kersauson est beau. Ses yeux très bleus, ses cheveux très bruns, et son expression toujours un peu triste et amusée à la fois lui donnent un grand charme. Enfin parce qu'il fait partie du Tout-Paris [2]. On l'appelle «l'Amiral». Son grand-père, un vrai général [3], fut maire de La Trinité-sur-Mer.

Il y a deux endroits dans la capitale où on a toutes les chances de le rencontrer quand il n'est pas en mer : chez son ami Jean Castel, qui tient à Paris, rue Princesse, une discothèque très très chic, Chez Castel, et dans les studios de Radio Luxembourg, rue François-Ier : il anime en effet une émission de radio connue, «Les Grosses Têtes», chaque fois qu'il n'est pas en mer. Dans un but très clair : gagner suffisamment d'argent pour pouvoir de nouveau équiper un bateau, et repartir !

En janvier 1993 Olivier de Kersauson s'est lancé dans une tentative de tour du monde en quatre-vingts jours

---

1. Noble : qui fait partie de la haute société.
2. Le Tout-Paris : les gens célèbres, à Paris et en France.
3. Général : haute fonction dans l'armée.

Le trimaran *Charal* d'Olivier de Kersauson.

à bord du trimaran *Charal*. Il a malheureusement dû abandonner à la suite d'une avarie [1] importante.

Charal est une «bête de course», construite pour aller le plus vite possible sur l'eau, grâce à ses trois coques. Ultra-léger, ce genre de bateau est aussi plus fragile [2]. C'est encore Éric Tabarly, dont Olivier de Kersauson a été l'équipier, qui l'a fait connaître en France. L'idée est ancienne : en Polynésie on pêche encore sur des pirogues à balanciers [3], avec un flotteur à bâbord* et un autre à tribord*. Ces pirogues, parce qu'elles sont légères et n'ont pas de quille, vont très vite. Dès le début des années 80, la mode des multicoques se répand donc dans les courses.

Olivier de Kersauson a fait en 1989 un tour du monde en solitaire en cent vingt jours seulement, dont il est revenu l'œil plus bleu que jamais. C'est un éternel vagabond, toujours entre deux avions, entre deux océans, entre un livre et une interview, entre une émission de radio et un studio de télévision. Très aimé par les médias, l'homme est pourtant discret, et même secret. S'il se montre sur les écrans ou s'exprime à la radio, c'est parce que la course coûte de plus en plus cher : le budget du tour du monde en quatre-vingts jours sur *Charal* s'élevait à 30 millions de francs. Ce n'est pas rien ! Pour donner un ordre de grandeur, 30 millions de francs représentent 6 000 fois le salaire mensuel minimum légal d'un ouvrier en France et 3 000 fois le salaire mensuel d'un cadre moyen.

Mais qu'est-ce qu'ils veulent ?

Qu'est-ce qui pousse quelqu'un comme Olivier de Kersauson à reprendre la mer ? Il pourrait rester

---

1. Avarie : quand le bateau est en partie cassé.
2. Fragile : qui se casse facilement.
3. Pirogue à balanciers : bateau très fin, avec deux coques séparées et reliées entre elles.

Olivier de Kersauson, l'éternel vagabond.

confortablement installé à Paris, comme une espèce de spécialiste que les radios et les télés seraient prêtes à payer très cher pour qu'il commente la course de tel ou tel. C'est qu'il y a toujours une course en prépara- tion, maintenant. Le public adore ça. C'est un sport dangereux, malgré les progrès de la technique, les voiles à enrouleur*, les ordinateurs et les balises Argos*. Chacun sait que le public, quand il va voir, au cirque, un dompteur [1] de lions, attend plus ou

---

1. Dompteur : personne qui apprend aux lions et aux tigres à faire des jeux, des exercices dans un cirque.

moins consciemment que l'un des lions mange le dompteur… La mer tue, chaque année. Elle tue comme la montagne ou les volcans et, qu'on le veuille ou non, le public aime le danger. Les marins, eux, aiment la mer, et pas tellement le danger. Parfois, ils n'aiment même pas l'eau de mer ! Mais la mer, oui, ils l'aiment, au point de ne pas pouvoir s'en passer.

La mer est aussi l'un des derniers lieux de rêve de la planète. Les océans ont beau être pollués [1], il leur reste l'immensité et la sauvagerie qui font rêver chacun d'entre nous. Avoir un accident avec un cachalot [2], c'est tout de même autre chose que de rencontrer un platane avec sa voiture. Enfin les marins ont souvent mauvais caractère : ils sont encore naturels. Peut-être qu'eux aussi finiront par se croire importants, mais c'est un défaut auquel ils ont échappé jusqu'à présent. Et là aussi, le public suit. Le public, en France, aime les gens de mer, parce qu'ils ne trichent [3] pas.

Rien d'autre au fond n'explique le succès des courses à la voile. « L'Amiral » est rentré à Paris. Il réparera son trimaran cassé, ou bien il trouvera un autre sponsor et un autre bateau, et il repartira. Dans un an, dans deux ans. Qui sait ? Ce qui est sûr, c'est qu'il repartira, parce que les marins sont comme ça : ils repartent toujours.

PHILIPPE POUPON, DIT « PHILOU »

1982 : Philippe Poupon gagne la Course du *Figaro*. 1984 : Philippe Poupon gagne la Transat anglaise en solitaire et arrive premier dans la Route de la découverte. 1985 : Philippe Poupon gagne de nouveau la

---

1. Pollué : atteint par la pollution, c'est-à-dire par tous les produits chimiques et autres qui sont dangereux pour la nature.
2. Cachalot : très gros animal marin, comme la baleine.
3. Tricher : mentir ou tromper.

Philippe Poupon à bord du *Fleury-Michon*, dans la course du Vendée Globe Challenge, en 1992.

Course du *Figaro*. 1986 : il est premier de la Route du rhum. 1988 : c'est une nouvelle victoire dans la Transat anglaise et il se retrouve champion du monde de course au large.

Une blessure secrète, une seule : les grandes circumnavigations, comme le Vendée Globe Challenge, ne lui ont encore jamais offert de première place, mais, au contraire, ont été la cause de beaucoup de difficultés de toutes sortes. Patience ! À trente-neuf ans Philippe Poupon n'a pas encore dit son dernier mot. La voile est en effet l'un des rares sports où l'âge n'est pas un inconvénient, mais un avantage. À plus de cinquante ans Éric Tabarly faisait encore peur à tout le monde, et Sir Francis Chichester a gagné des courses à soixante ans passés.

Mais qui est Philippe Poupon, que tous les journalistes appellent « Philou » comme s'ils étaient allés à l'école avec lui ? Il naît en 1954 à Morlaix, en Bretagne. Son père fait des meubles. Dans sa chambre d'enfant le petit Philippe colle une grande photographie d'Éric Tabarly, qui vient juste de gagner sa première Transat contre Chichester. Il a dix ans. La nuit, il dort la fenêtre ouverte et sur le plancher pour s'habituer à la vie de marin. Il commence comme tous les débutants par faire des ronds dans l'eau sur un tout petit voilier d'exercice, un Vaurien. Puis il devient moniteur [1] à l'école nationale de voile de Beg-Rohu, en Bretagne. En 1975, c'est le bonheur : il prend part à sa première course hauturière, le Triangle Atlantique (Saint-Malo, Le Cap, Rio de Janeiro) et rencontre au Cap le dieu de son enfance. Éric Tabarly lui propose de le prendre à bord du *Pen Duick VI*, aux côtés d'autres équipiers qui deviendront des skippers célèbres : Alain Colas, Olivier de Kersauson... En 1978, Philippe Poupon participera à bord du bateau noir de Tabarly à la Course autour du monde en équipage, et, l'année suivante, avec le frère d'Éric, Patrick Tabarly, il prend la septième place de la Transat en double Lorient-les Bermudes-Lorient.

L'ÉLÈVE DÉPASSE LE MAÎTRE

En 1984, il bat Éric Tabarly de plus de deux heures dans la Transat anglaise en solitaire. L'élève a dépassé le maître... Tabarly le considère d'ailleurs comme le meilleur des jeunes qu'il a entraînés.

Philippe Poupon a trois qualités : c'est un régatier extraordinaire, qui passe autant de temps à sa table à cartes* qu'à ses voiles, et que l'étude des vents passionne. C'est un très grand professionnel. Enfin, c'est un poète.

---

1. Moniteur : celui qui apprend aux autres.

Pour Philou, la régate est une science et un art, comme la guerre. Il utilise la force du vent et le travail des voiles comme un savant ou un général. Il prépare très soigneusement ses courses : le bateau doit être très léger, le plus léger possible, pour glisser très vite sur l'eau. À bord tout est en ordre. « On ne doit pas tomber sur un paquet de soupe quand on cherche des chaussettes ! » Surtout quand on cherche des chaussettes sèches. Sa nourriture est préparée, s'il vous plaît, par un des meilleurs cuisiniers français, Joël Robuchon. Dans le restaurant de Joël Robuchon à Paris, un œuf à la coque coûte 100 francs, parce que c'est un œuf de chez Robuchon, eh oui... Si vous voulez un œuf à la coque ordinaire, vous n'avez qu'à aller ailleurs. « L'alimentation est très importante quand on est tout seul », dit Philou.

Philippe Poupon est aussi un professionnel de l'océan. Depuis des années c'est l'entreprise Fleury-Michon qui lui sert de sponsor. Alors ses bateaux s'appellent naturellement... *Fleury-Michon.* Philou en est à son dixième ! C'est sur *Fleury-Michon X* qu'il est arrivé troisième du Vendée Globe Challenge en mars 1993. Chaque prototype* est le fruit des nouvelles découvertes techniques : le matériel de marine ne cesse de changer, de devenir plus léger, d'utiliser l'informatique et la recherche scientifique. De ses bateaux, Philou dit aussi : « Je ne peux pas oublier qu'ils m'ont toujours sauvé et ramené au port. Ce sont des sentiments très forts : mes bateaux, je les ai dessinés, construits, pensés. Ils sont un peu de moi-même. La technique n'est pas tout. Bernard Moitessier a prouvé qu'on pouvait faire le tour du monde avec des poteaux télégraphiques [1] comme mâts... »

---

1. Poteaux télégraphiques : arbres coupés qui tiennent les fils électriques.

Enfin Philippe Poupon est un poète. Quand il ne court pas sur *Fleury Michon*, il passe ses vacances sur *Fleur australe*, son bateau personnel, dans les glaces du grand sud, du côté d'Ushuaïa et des Falklands. Il est amoureux des icebergs. Là-bas, au bout du monde, il retrouve ses copains, des gens qui ne parlent pas beaucoup, mais qui ne peuvent se passer de la beauté de l'Antarctique. Quand il a fait naufrage à 2 h 30 du matin, le 28 décembre 1989, lors du premier Vendée Globe Challenge, à plus de 2 000 km de la première terre, il ne se trouvait pas très loin de ce bout du monde tant aimé. Dans l'eau glacée il s'est mis à prier. Et Loïck Peyron est venu à son aide. Les oiseaux du grand sud sont ainsi : ils tutoient [1] le Horn et donnent des chaussettes sèches à leurs copains.

TITOUAN LAMAZOU, LE SURDOUÉ

En 1977, Éric Tabarly embarque à son bord deux équipiers* qui tous deux deviendront célèbres : le docteur Jean-Louis Étienne, médecin du bord, se lancera en 1989 dans un long voyage en traîneau [2] sur les glaces du pôle Nord ; Titouan Lamazou, en 1990, établira un record qui ne sera battu que trois ans plus tard. Lors de la première édition du Vendée Globe, cette prestigieuse course autour du monde en solitaire sans escale, il arrivera vainqueur en cent neuf jours, huit heures et quarante-huit minutes.

Titouan Lamazou est aussi doué pour la montagne que pour la mer. Il pratique d'ailleurs ces deux sports, avec une préférence toutefois pour le bateau.

Il est né en 1955 à Casablanca, au Maroc, dans une famille d'origine béarnaise [3]. Parents et enfants vien-

---

1. Tutoyer : dire « tu » (et non pas « vous »). On tutoie quelqu'un que l'on connaît bien.
2. Traîneau : voiture basse tirée par des chiens.
3. Béarnaise : du Béarn. Le Béarn est une région des Pyrénées.

Titouan Lamazou, sur *Écureuil d'Aquitaine*, vainqueur du Vendée Globe Challenge, en 1992.

nent ensuite s'installer à Marseille. Le père de Titouan est ingénieur et travaille à la Comex, une entreprise de plongée sous-marine pour l'industrie. À dix-sept ans, Titouan traverse l'Atlantique à bord d'un petit voilier de 5,50 mètres. Puis c'est le service militaire [1] avec Éric Tabarly, car la Marine nationale encourage le célèbre officier à apprendre aux jeunes ce qu'il sait. Ceux qui ont la chance de rester un an à bord de *Pen Duick* apprennent beaucoup... Ensuite Titouan retourne au Maroc, où il peint les montagnes de l'Atlas. Car il est peintre aussi.

En 1987, il a trente-deux ans. Il arrive deuxième dans le Boc Challenge, course autour du monde en solitaire avec escales. En 1990, il prend la première place dans le Vendée Globe Challenge, course autour du monde en solitaire sans escale. « Le Globe, c'est la course du siècle, en tout cas ça a été la course de mon siècle à moi, ça a été ma course, c'est celle que je voulais et que j'ai gagnée. » Titouan devient brusquement célèbre. Il a un visage d'acteur de cinéma sur lequel le soleil de tous les océans a ajouté ce qu'il faut de souffrance et de bonheur, et il a gagné une des plus belles courses du monde. La télévision l'adore, le public aussi.

En 1992 et en 1993, Titouan a l'idée du Trophée Jules Verne, que va gagner son ami Bruno Peyron. Il s'agit de réaliser le rêve de Jules Verne : faire le tour du monde en quatre-vingts jours, mais sans moteur, sans train, sans éléphant [2] et sans princesse indienne.

QUATRE-VINGT-DIX MILLIONS DE FRANCS ET CINQ ORDINATEURS

Titouan a besoin de temps pour construire un nouveau bateau et pour trouver un sponsor à la hauteur

---

1. Service militaire : l'année qu'un jeune homme doit passer à l'armée.
2. Éléphant : gros animal qu'on trouve en Asie et en Afrique.

du projet de Jules Verne. Aussi, en 1993, ne participe-t-il pas au Trophée dont il a eu l'idée : il n'a pas fini de préparer le *Tag Heuer*, un monocoque géant [1] de 43 mètres qui porte le nom d'une entreprise d'horlogerie suisse. Cette fois, il y en a pour 90 millions de francs ! Pas moins de cinq ordinateurs seront nécessaires pour diriger ce monument. Pauvre Titouan ! Il lui arrive ce qui est déjà arrivé à d'autres : le sponsor devient plus important que la mer ou le marin, c'est lui qui décide. *Tag Heuer* se transformera ensuite en bateau pour touristes. C'est pour cela qu'il coûte si cher. Il a été construit à la fois pour gagner la course et pour rapporter de l'argent après, au cas où Titouan n'arriverait pas le premier. Le skipper est alors entraîné malgré lui dans un projet où il n'a plus aucune liberté. Ce qui compte avant tout, c'est l'argent.

Or ces bateaux géants peuvent être dangereux durant les tempêtes. Et les budgets sont tellement énormes que l'aventure perd un peu son sens. Qui peut vaincre un bateau de 43 mètres ? Les conditions de course deviennent trop inégales. Le risque, si Titouan gagne, c'est qu'on dise que c'est son bateau qui est arrivé premier, et pas lui. Et s'il a un accident, tout le monde dira qu'il a eu la folie des grandeurs [2]...

Pourtant il est difficile de résister au charme du «toujours plus» : toujours plus vite, donc toujours plus grand, donc toujours plus cher. Si on dit non, on risque de se retrouver tout seul. Maintenant, pour gagner, être un bon marin ou même un marin excellent ne suffit plus : en plus, il faut avoir une excellente attachée de presse, capable de trouver un sponsor qui donnera l'argent pour construire le bateau...

---

1. Géant : très grand.
2. Avoir la folie des grandeurs : vouloir toujours plus, plus grand, plus beau, même si ça n'est pas raisonnable.

CHAPITRE 6

EN ROUTE POUR LE XXIe SIÈCLE

FLORENCE ARTHAUD, « LA PETITE FIANCÉE DE L'ATLANTIQUE »

Florence Arthaud a trente-cinq ans et elle vient d'avoir son premier enfant, une fille prénommée Marie. Mais ce n'est pas parce qu'elle est mère que «la petite fiancée de l'Atlantique» est aussi connue, pas du tout. Sa célébrité, elle la doit d'abord à elle-même.

Florence naît en 1958 dans une famille qui adore la mer. Son père possède les Éditions Arthaud, qui publient[1] surtout des histoires de marins et des livres maritimes. Son frère réalise de nombreuses photographies de mer et de navigateurs. Rien d'étonnant à ce que Florence veuille, elle aussi, vivre sur l'eau.

Si, aujourd'hui, elle est réellement devenue une star[2], il lui a fallu beaucoup de volonté pour le devenir. Bien sûr, sa famille l'a toujours aidée. Mais pendant des années, la simple idée qu'une femme puisse faire de la compétition à un haut niveau dans un sport où il n'y que des hommes faisait rire tout le monde. La pauvre Florence arrivait bonne dernière dans les courses et on n'en parlait même pas. Tous étaient persuadés qu'il fallait être un homme pour gagner une course, parce qu'il faut une grande force physique pour barrer un bateau.

Et puis Florence s'est accrochée. Il y a eu des moments de découragement terribles, bien sûr.

---

1. Publier : faire paraître.
2. Star (anglicisme) : personne très connue.

Florence Arthaud, la première femme vainqueur de la Route du rhum, en 1990.

Cependant, petit à petit, elle n'est plus arrivée à la dernière place, mais à l'avant-dernière, puis dans le dernier tiers du classement, et un jour elle a gagné. En 1990, sur *Pierre Ier de Serbie*, elle a remporté la Route du rhum en quatorze jours, dix heures et huit minutes.

Il lui fallu du courage car, en plein océan Atlantique, voilà que Florence tombe malade. Elle est ce qu'on appelle une bonne vivante, elle aime le vin, l'amour et tous les plaisirs de la vie, elle ne sait pas ce que c'est d'être malade, et, tout d'un coup, son corps dit non, son corps refuse de continuer et Florence se demande si elle va pouvoir tenir jusqu'aux Antilles. Elle serre les dents, elle se rappelle qu'elle a été la première femme au monde à traverser seule l'Atlantique, en 1982, et elle décide que c'est idiot de ne pas gagner, puisqu'elle est en tête de la course.

Avant même qu'elle passe la ligne d'arrivée, la nouvelle est sur toutes les lèvres : c'est une femme qui est en tête, c'est Florence Arthaud ! Du jamais vu ! Beaux joueurs [1], les marins la félicitent.

Florence fait alors la première page de tous les journaux. On la photographie tantôt en vieux loup de mer [2], tantôt en femme-femme. L'enthousiasme est général, chez les hommes comme chez les femmes. D'habitude, les hommes disent du mal des femmes et les femmes pensent du mal des hommes, à croire qu'ils ne sont pas nés sur la même planète. Mais il est impossible de dire ou de penser du mal de Florence Arthaud. Premièrement, «la petite fiancée de l'Atlantique» a gagné, deuxièmement elle est intelligente, troisièmement elle est jolie !

Les Françaises, elles, sont aussi fières que si c'était elles qui avaient traversé l'Atlantique. Et Florence

---

1. Beau joueur : qui accepte de perdre avec le sourire.
2. Vieux loup de mer : vieux marin.

devient «femme de l'année 1990». Trois ans plus tard, quand elle attend un bébé, elle le dit à la France entière et la France entière souhaite bon vent à la petite Marie.

Tout ça ne lui a pas fait tourner la tête, au contraire. Mais pour la première fois de sa vie, elle a gagné de l'argent et elle peut envisager de faire tranquillement des projets, par exemple... un tour du monde en 1996. Ces grandes courses qui coûtent très cher et réclament forcément un sponsor et un bateau de compétition construit spécialement se préparent de plus en plus longtemps à l'avance.

Florence Arthaud est certainement la seule personne au monde capable à la fois de gagner une grande course et de faire un enfant. Elle ne joue pas à l'héroïne. «Il n'y a pas besoin de courage pour faire ce que l'on aime. Il m'en aurait fallu beaucoup plus pour aller au bureau ou à l'usine tous les jours. Je ne suis pas courageuse, je suis déterminée [1].» Elle ne joue pas non plus à la mère admirable. La plupart des stars se croient obligées de dire que leurs enfants passent avant tout, et d'abord avant leur carrière. Pas Florence Arthaud : «Je confierai le bébé à ma mère quand je partirai faire le tour du monde. Il aura suffisamment grandi.» Florence Arthaud est elle-même, tout simplement, et les Français l'adorent.

ALAIN GAUTIER, L'OUBLIÉ DES MÉDIAS

Alain Gautier a remporté en 1993 le deuxième Vendée Globe (tour du monde en solitaire sans escale). Mais il n'a battu aucun record et les médias ont assez peu parlé de lui. Pourquoi ? Parce qu'en

---

1. Déterminée : qui a une grande volonté.

Alain Gautier à bord du _Bagages Superior_.

même temps, une autre course se déroulait : le Trophée Jules Verne. Bruno Peyron essayait de battre le record imaginaire [1] de Philéas Fogg, le héros du livre de Jules Verne : faire le tour du monde en moins de quatre-vingts jours. Et Bruno Peyron, allez savoir pourquoi, plaît beaucoup plus qu'Alain Gautier.

On peut trouver des raisons. D'abord le Trophée Jules Verne est plus à la mode que le Vendée Globe, car il est plus récent.

Ensuite Alain Gautier n'a rien de ce qui fait les stars : il n'a pas d'attachée de presse, il n'est pas célibataire, sa femme écrit dans un journal communiste [2], son budget n'est que de douze millions de francs et enfin il n'a connu aucun drame [3] pendant la course.

---

1. Imaginaire : qui n'existe que dans les livres.
2. Communiste : parti politique de gauche.
3. Drame : événement très dur.

Comme il n'est pas mort, comme il n'a pas rencontré de cachalot et comme il n'a pas battu de record, bien qu'il soit arrivé premier, Alain Gautier n'a donc pas été le favori des médias. Mais il y a médias et médias. Certains font du sport un spectacle, et d'autres sont plus sérieux : ils parlent du sport autant que des sportifs. Ceux-là ont parlé d'Alain Gautier et de sa victoire.

LOÏCK ET BRUNO PEYRON : UNE FAMILLE PEU ORDINAIRE

Les Peyron ont la mer dans le sang. Agnès et Catherine Peyron, deux sœurs jumelles de vingt-huit ans, ont traversé l'Atlantique. Stéphane fait de la planche à voile de compétition, Loïck dispute des courses depuis l'âge de dix-neuf ans et Bruno vient de battre le record de vitesse à la voile.

Pour parler de tous les Peyron, il faudrait un livre entier ! Intéressons-nous surtout à Loïck et à Bruno.

Dans la nuit du 27 au 28 décembre 1989, alors que Loïck est en tête du premier Vendée Globe Challenge, il entend, sur la radio du bord, un appel de détresse [1] : c'est Philippe Poupon, un de ses concurrents les plus sérieux. Le bateau de Poupon vient de se retourner, au large de l'Afrique du Sud. Si personne ne lui porte secours, sa vie est en danger. « À ce moment-là, la course n'existe plus », raconte Loïck. Il change sa route, revient sur ses pas et sauve Philippe Poupon. À cause de ce retard, il perdra la course. Mais la mer, c'est aussi cela.

À trente-trois ans, Loïck Peyron a traversé vingt-sept fois l'Atlantique, dont onze en solitaire... En 1987, il arrive premier de la course La Baule-Dakar. Normal,

---

1. Appel de détresse : appel au secours.

les Peyron sont de La Baule ! En 1992, il amène son tri-maran *Fujicolor* à la victoire dans la prestigieuse Transat anglaise Europe 1 – Star. Loïck regrette que le budget des courses ne cesse d'augmenter. «La course la plus chère, c'est l'America's Cup. Les autres sont encore abordables [1]. Un tour du monde, c'est possible avec six ou sept millions de francs, c'est-à-dire dix mois de salaire de Jean-Pierre Papin [2].» Et il rit. Les marins savent rire et être heureux. Leur vie, il ne faut pas croire que c'est toujours traverser l'enfer du Horn et se nourrir de boîtes de conserve, ah non ! C'est aussi ce luxe incroyable de vivre la vie qu'on a choisie. Et puis après, bien sûr, il faut doubler le Horn, mais c'est juste un mauvais moment à passer, ce n'est pas la peine d'en faire une histoire...

Bruno a trente-sept ans. C'est un beau garçon, un garçon intelligent aussi.

Il sait créer l'événement et se battre pour gagner. Il connaît admirablement la mer et ne laisse rien au hasard. C'est de plus un excellent meneur d'hommes [3], qui sait aussi bien convaincre les sponsors que diriger des équipiers.

Commodore Explorer, le bateau sur lequel Bruno Peyron a gagné le Trophée Jules Verne en 1993, est un catamaran, dont les deux coques très étroites sont reliées par une espèce de filet. Il y a très peu de place pour vivre à l'intérieur lorsque la mer est mauvaise.

Or la route du Trophée passe par les trois caps du grand sud : le cap de Bonne-Espérance (au sud de l'Afrique), le cap Leeuwin (au sud de l'Australie) et le célèbre cap Horn (au sud de l'Amérique du Sud). La mer est souvent très mauvaise dans ces coins-là.

---

1. Abordables : possibles.
2 Jean-Pierre Papin est un footballeur professionnel très connu et très bien payé.
3. Meneur d'hommes : qui sait diriger les hommes.

Loïck Peyron
vainqueur
de la transat
en solitaire,
sur *Fujicolor II*,
en 1992.

**Bruno Peyron, avec sa fille Alexandra.
Il a gagné le trophée Jules Verne 1993.**

Commodore Explorer, **le catamaran de Bruno Peyron.**

Commodore Explorer mesure 28 m de long et sa grand-voile a une surface de 777 m². Il est construit en carbone* et en résine* pour être à la fois léger et résistant. Mais les vagues croisées du grand sud réussissent à briser l'une des coques. Vite, on répare avec de la résine pour empêcher l'eau d'entrer. Une autre fois, ce sont deux baleines qui frappent la deuxième coque. Il faut de nouveau réparer, et sur une mer qui bouge tout le temps.

Mais *Commodore* vole sur les vagues comme un oiseau et parcourt 51 000 km en soixante-dix-neuf jours, à une vitesse moyenne de 27 km/heure. Le précédent record, celui de Titouan Lamazou en 1990, est battu de plus de trente jours ! C'est extraordinaire, et les télévisions filment amoureusement le beau visage fatigué de Bruno Peyron pendant plusieurs jours...

ÉPILOGUE

Et si on parlait un peu de ceux qui perdent ? Ils sont nombreux, beaucoup plus nombreux que ceux qui gagnent. Il leur arrive de pleurer, pas de joie comme ceux qui ont franchi la ligne d'arrivée les premiers, mais de fatigue ou de souffrance. Ils ont des accidents comme ceux qui gagnent, leur mât casse, leurs voiles se déchirent, ils tombent à l'eau, ils ont mal aux dents, ils se blessent, ils s'ouvrent la main ou le front, ils voient la tempête briser des mois et des mois d'économies, et, à terre, personne ne connaît leur nom, personne ne les attend, à part leur vieille mère ou leur femme ou leur petite amie. Quand ils ont un sponsor, il n'est pas content, puisque la course est perdue. Mais pour la mer, ils sont prêts à tout. Ils lui pardonnent tout, même sa violence, même sa folie et même son sel, qui rend les blessures si douloureuses. Comme Alain Colas ils ne peuvent pas vivre autrement. Ils savent que leur nom ne sera jamais en haut du tableau, que ce n'est pas pour eux qu'on débouchera les bouteilles de champagne et que tout le monde se moque pas mal de ce qui leur arrive. C'est la loi de la course. Mais, si vous les rencontrez un jour sur un quai, vous verrez que dans leurs yeux brille quelque chose qui ressemble à la beauté, et au meilleur de l'homme. Ceux-là ne font pas la guerre avec le sang des autres. Ils la font contre eux-mêmes, pour vaincre la peur, le goût du confort et de l'argent.

Pourtant, la course en mer souffre actuellement d'une certaine confusion [1].

---

1. Confusion : manque d'ordre, de clarté.

D'abord le nombre des courses n'arrête pas d'augmenter et le public finit par ne plus rien y comprendre. On peut s'enthousiasmer pour de grandes épreuves, ou bien pour des courses entièrement nouvelles comme le Trophée Jules Verne, imaginé par Titouan Lamazou. Mais il est difficile de s'enthousiasmer vingt fois par an. La mer n'est pas le football.

Ensuite on constate une certaine banalisation. Les circumnavigations souvent magnifiques des concurrents les plus récents, par exemple Alain Gautier dans le deuxième Vendée Globe, en 1993, n'ont pas entraîné le même intérêt qu'il y a quelques années. La voile est pratiquée par de plus en plus de gens et personne ne s'en plaindra. Mais il serait dommage que l'exploit maritime devienne une habitude, un événement banal, perdu parmi les autres nouvelles. Enfin on assiste à une augmentation folle de la technique et des budgets : cela met parfois mal à l'aise [1].

La plus haute et la plus belle des solitudes, c'est celle de la mer. Et la mer offre également la plus haute et la plus belle des amitiés devant le danger, comme l'a montré Loïck Peyron en secourant Philippe Poupon, comme le montrent tous les jours des marins qui ne sont pas des coureurs, en se portant au secours des autres. Puisse la course ne pas faire perdre son âme à la mer ! Nous aurions tous perdu une part de rêve et d'enfance, même si les seuls bateaux que nous ayons jamais mis à l'eau naviguaient sur le bassin des jardins du Luxembourg [2] ou dans la baignoire, quand nous étions petits...

---

1. Mettre mal à l'aise : poser un problème.
2. Les jardins du Luxembourg : grands jardins publics, dans le quartier Latin, à Paris.

Ce livre ne présente pas tous les marins français :
Jean-Yves Terlain, Marc Pajot, Jean-François
Fountaine, Pierre Follenfant et Philippe Jeantot par
exemple manquent à l'appel, et bien d'autres, peu
ou mal connus. Sans oublier ceux que la mer a tués :
Loïc Caradec, Jacques de Roux, Daniel Gilard et
Olivier Moussy... On voudra bien en excuser les
auteurs : seules les contraintes de place sont respon-
sables de ces choix, forcément arbitraires.

Mots et expressions

La mer et les bateaux

Ancre, *f.* : voir dessin.

Bâbord, *m.* : côté gauche d'un bateau (quand on regarde vers l'avant).

Balise Argos, *f.* : moyen permettant de connaître à tout instant la position d'un bateau.

Barrer (ou tenir la barre) : diriger un bateau. La *barre* s'appelle aussi *gouvernail*.

Bord (à) : sur le bateau.

Cabine, *f* : voir dessin.

Carbone, *m.* : matière solide et légère utilisée pour construire les bateaux de course.

Catamaran, *m.* : bateau à deux coques.

Chaîne d'ancre, *f.* : lourde chaîne au bout de laquelle on accroche un poids qui retient le bateau au port.

Circumnavigation, *f.* : navigation autour du monde.

Corde, *f* : voir dessin.

Coque, *f.* : le corps du bateau (par opposition aux mâts et aux voiles).

Cotre, *m.* : navire à un seul mât.

Équipier, *m.* : marin ordinaire (par opposition au skipper).

Escale, *f.* : arrêt du bateau dans un port.

Faire naufrage : se trouver sur un bateau qui coule.

Gouvernail : voir *barrer*.

Hauturière (navigation-) : (navigation) en haute mer, et non près des côtes.

Iceberg, *m.* : morceau de glace géant.

Ketch, *m.* : navire à deux mâts.

Manœuvrer : faire bouger le bateau à l'aide du *gouvernail*, des *cordages* et des *voiles*.

Maritime : qui concerne la mer.

Mat, *m* : voir dessin.

Monocoque, *m.* : bateau à une seule coque (par opposition aux multicoques, comme le *catamaran* ou le *trimaran*).

Naufragé : personne qui est tombée à la mer, ou dont le bateau a coulé, et qui se retrouve toute seule en pleine mer. Un bateau fait *naufrage* (*n. m.*)

Pilotage, *m.* : action de diriger un navire.

Pilotage automatique, *m.* : pilotage réalisé par une machine, et non par un homme. Il permet au navigateur de dormir.

Prototype, *m.* : premier exemplaire d'un modèle, qui sera fait en série.

Quille, *f.* : partie du bateau qui doit rester sous l'eau.

Régate, *f.* : course de vitesse de faible durée.

Résine, *f.* : matière avec laquelle on construit et on répare les coques.

Skipper, *m.* (anglicisme) : capitaine d'un bateau de plaisance.

Table à cartes, *f.* : table sur laquelle on lit les cartes de navigation.

Tenir la barre : voir *barrer.*

Transatlantique, *f.* : course à la voile d'un bout à l'autre de l'océan Atlantique.

Tribord, *m.* : côté droit d'un bateau (quand on regarde vers l'avant).

Trimaran, *m.* : bateau à trois coques.

Vents alizés, *m. pl.* : vents qui soufflent de l'Europe vers l'Amérique.

Voile, *f* : voir dessin.

Voile à enrouleur, *f.* : voile qui se déroule et qui se range toute seule, sans intervention humaine.

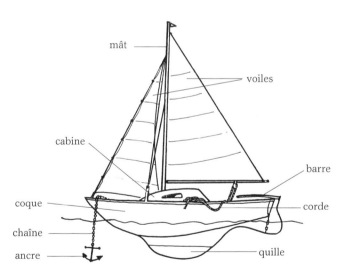

mât

voiles

cabine

barre

coque

corde

chaîne

ancre

quille

COLLECTION
LECTURE FACILE

TITRES PARUS OU À PARAÎTRE

Série Vivre en français

La Cuisine française (niveau 1)*
Le Tour de France (niveau 1)

La Grande Histoire de la petite 2cv (niveau 2)*
La Chanson française (niveau 2)
Le Cinéma français (niveau 2)

Cathédrales et abbayes de France (niveau 3)

Série Grandes œuvres

Carmen, *P. Mérimée* (niveau 1)*
Contes de Perrault (niveau 1)*

Lettres de mon moulin, *A. Daudet* (niveau 2)*
Le Comte de Monte-Cristo, *A. Dumas*, tome 1 (niveau 2)*
Le Comte de Monte-Cristo, *A. Dumas*, tome 2 (niveau 2)*
Les Aventures d'Arsène Lupin, *M. Leblanc* (niveau 2)*
Poil de Carotte, *J. Renard* (niveau 2)
Notre-Dame de Paris, *V. Hugo*, tome 1 (niveau 2)
Notre-Dame de Paris, *V. Hugo*, tome 2 (niveau 2)
Germinal, *E. Zola* (niveau 2)

Tartuffe, *Molière* (niveau 3)*
Au Bonheur des Dames, *E. Zola* (niveau 3)*
Bel-Ami, *G. de Maupassant* (niveau 3)*

Série Portraits

Victor Hugo (niveau 1)

Colette (niveau 2)*
Les Navigateurs français (niveau 2)

Coco Chanel (niveau 3)
Gérard Depardieu (niveau 3)*

*Un dossier de l'enseignant est paru pour ces 12 premiers titres.
Un autre est en préparation pour les 12 autres titres.

Imprimé en France par I.M.E. - 25110 Baume-les-Dames
Dépôt légal n° 6752-09/1993 - Collection n° 04 - Edition n° 01
15/4963/3